귀한 사진 자료를 제공해 주신 김태완, 박은주, 임종덕, 홍영표, 김경수,
한국공룡연구센터 여러분께 감사드립니다.

왜 그런지 정말 궁금해요

공룡 화석은 왜 우리나라에서 많이 발견될까요?

화석에 대한 궁금증 51가지

김동희(국립중앙과학관 연구사) 지음

다섯수레

공룡 화석은 왜 우리나라에서 많이 발견될까요?

처음 펴낸 날 | 2006년 7월 10일
개정판 펴낸 날 | 2010년 7월 20일
개정판 3쇄 펴낸 날 | 2016년 5월 25일

지은이 | 김동희
본문 그림 | 원혜진

펴낸이 | 김태진
펴낸곳 | 다섯수레
주소 | 경기도 파주시 광인사길 193 (문발동)
전화 | 02)3142-6611 (서울 사무소)
팩스 | 02)3142-6615
홈페이지 | www.daseossure.co.kr
등록번호 | 제 3-213호
등록일자 | 1988년 10월 13일

출력 | (주)로얄프로세스
인쇄 | 미르인쇄

© 김동희 2010

ISBN 978-89-7478-342-6 74450
ISBN 978-89-7478-029-6(세트)

※ 잘못된 책은 바꾸어 드립니다.
이 책은 저작권법에 의해 보호를 받는 저작물이므로
무단 전재와 무단 복제를 금합니다.

이 도서의 국립중앙도서관 출판시도서목록(CIP)은
e-CIP홈페이지(http://www.nl.go.kr/ecip)와
국가자료공동목록시스템(http://www.nl.go.kr/kolisnet)에서
이용하실 수 있습니다.(CIP제어번호: CIP2010002468)

차 례

- 4 화석이란 무엇인가요?
- 4 화석은 어떻게 만들어지나요?
- 5 화석을 연구하는 사람을 무엇이라고 부르나요?
- 5 어룡의 골격은 누가 처음 발견했나요?
- 6 화석은 어떻게 발굴하나요?
- 7 화석은 어떤 암석에서 발견되나요?
- 7 화석의 이름은 어떻게 정해지나요?
- 8 살아 있는 화석도 있나요?
- 8 거짓화석은 무엇을 말하나요?
- 9 자신의 이름이 새겨진 위조 화석을 발견한 사람은 누구인가요?
- 9 사람의 두개골과 오랑우탄의 턱뼈로 만든 위조 화석도 있나요?
- 10 지구의 나이는 몇 살인가요?
- 10 땅은 어떻게 생겨났나요?
- 11 지구에서 가장 오래된 암석은 무엇일까요?
- 11 바다와 대기는 어떻게 생겨났나요?
- 12 옛날에는 지구의 땅덩어리가 하나였다면서요?
- 12 산 중턱에서 왜 바다 생물의 화석이 발견되나요?
- 13 지구의 대륙이 하나였다는 것을 어떻게 알 수 있나요?
- 14 가장 오래된 화석의 나이는 몇 살인가요?
- 14 화석에 지구의 자전 속도가 기록되어 있다고요?

15 계절의 변화를 기록한 화석이 있나요?
15 화석이 만들어진 시대를 어떻게 알 수 있나요?
16 에디아카라 동물군이란 무엇인가요?
16 고생대를 왜 '삼엽충의 시대'라고 하나요?
17 최초의 육상 식물은 무엇인가요?
17 땅 위로 올라온 최초의 등뼈동물은 무엇인가요?
18 중생대를 왜 '공룡의 시대'라고 하나요?
19 공룡의 피부 화석도 있나요?
19 중생대에는 어떤 식물들이 있었나요?
20 신생대를 왜 '포유류의 시대'라고 하나요?
20 신생대에는 어떤 식물이 육상 식물계를 지배했나요?
21 가장 오래된 인류 화석은 무엇일까요?
21 현생 인류는 언제 나타났나요?
22 식물이 변해서 만들어진 검은 돌은 무엇일까요?
22 석유와 천연가스는 어떤 생물이 변해서 만들어졌나요?
23 석회암은 어떤 생물이 변한 것일까요?
23 보석으로 쓰이는 화석도 있나요?
24 우리나라에서는 어떤 화석들이 발견되나요?
24 우리나라에서 최초로 발견된 공룡 뼈는 무엇인가요?

25 공룡 화석은 왜 우리나라에서 많이 발견될까요?
26 우리나라에서 공룡 발자국 화석이 처음 발견된 곳은 어디인가요?
26 세계에서 가장 작은 공룡 발자국 화석은 어디에서 발견되었나요?
27 우리나라에서 공룡 알둥지 화석이 발견된 곳은 어디인가요?
28 아기 공룡 보행화석 가운데 세계에서 가장 긴 것은 어디에서 발견됐나요?
28 세계에서 가장 오래된 새 발자국 화석은 어디에서 발견되었나요?
29 우리나라에서도 완전한 공룡 뼈 화석이 발견되었나요?
29 공룡의 똥 화석도 있나요?
30 공룡 화석과 함께 발견되는 화석에는 어떤 것이 있나요?
30 화석으로도 초식 공룡과 육식 공룡의 이빨을 구별할 수 있나요?
31 우리나라에서도 곤충 화석이 발견되었나요?
31 화석은 어디에 가면 볼 수 있나요?

32 찾아보기

화석이란 무엇인가요?

화석은 먼 옛날에 살았던 생물의 유해(뼈)와 흔적을 말해요. '화석' 하면 흔히 동물의 유해 화석을 떠올리지만 동물들이 남긴 발자국이나 배설물, 알, 먹이로 먹었던 식물의 씨도 화석에 속해요. 이런 것은 당시에 살았던 생물의 생태를 연구하는 데 중요한 자료가 되지요. 화석은 대개 암석에서 나오지만, 나무의 진이 굳어진 호박이나 얼음 속에서 발견되기도 해요.

쥐라기의 하늘을 날던 잠자리 화석

삼엽충(사진의 왼쪽)이 기어간 흔적 화석(사진의 오른쪽)

화석은 어떻게 만들어지나요?

생물체는 죽으면 대개 땅 위나 강 또는 바다 밑바닥에 놓여요. 여기에 흙이나 모래, 자갈 같은 퇴적물이 쌓이면 부드러운 살은 썩어 없어지고 단단한 뼈, 껍질, 이빨 등이 남아 화석이 되지요. 이렇듯 죽은 생물이 퇴적물 속에 묻혀 퇴적물과 함께 단단해지는 과정을 '화석화 과정'이라고 해요.

고생대 실루리아기에 번성했던 바다전갈의 화석

생물체는 죽으면 강이나 바다의 밑바닥으로 가라앉아요.

죽은 생물체의 연한 부분은 썩어 없어지고, 뼈 같은 단단한 부분만 남아요. 그 위로 진흙이나 모래 같은 퇴적물이 덮여요.

화석을 연구하는 사람을 무엇이라고 부르나요?

화석을 연구하는 과학자를 '고생물학자'라고 해요. 고생물학자는 화석을 통해서 먼 옛날 지구에 살았던 생물들의 탄생과 진화 그리고 멸종의 역사를 알아내지요. 이처럼 화석을 발굴하고 연구하는 학문을 '고생물학'이라고 해요.

고생물학자들이 매머드 화석을 발굴하는 장면

어룡의 골격은 누가 처음 발견했나요?

영국의 메리 애닝(1799~1847)은 세계에서 유명한 고생물학자 가운데 한 사람이에요. 화석을 채집해서 파는 가난한 소녀였던 메리는 열세 살 때인 1812년에 세계에서 최초로 어룡의 골격 화석을 발견했어요. 그 후에도 메리 애닝은 공룡 연구에 귀중한 화석들을 많이 발견해서 고생물학자들에게 기증하기도 했어요.

메리에게는 충직한 개가 한 마리 있었어요. 메리의 개는 천재적인 화석 채집꾼이었대요.

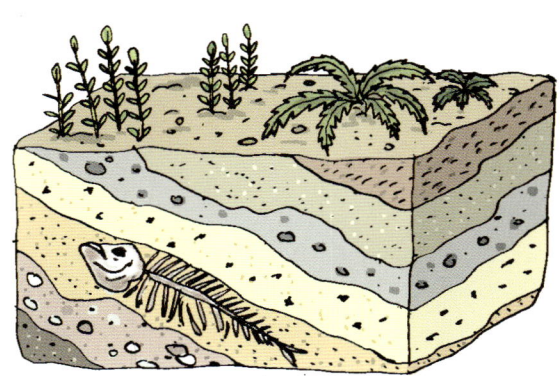

시간이 지나면서 뼈는 광물질이 스며들어 점점 단단해지며 화석이 되어 가지요.

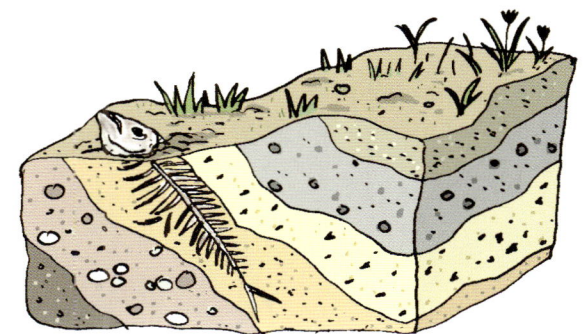

지층이 지각 변동으로 솟아오르고 깎이면서 묻혀 있던 화석이 땅 위로 드러나게 됩니다.

화석은 어떻게 발굴하나요?

눈으로 확인할 수 있을 만큼 큰 화석을 발굴하려면 망치 같은 도구로 암석을 잘게 쪼갠 뒤 돋보기로 생물의 유해나 흔적이 남아 있는지 자세히 관찰해요. 눈으로 관찰하기 어려운 미생물 화석 등은 화석을 감싸고 있는 모래나 진흙 알갱이들을 물리적 또는 화학적인 방법으로 없앤 뒤 현미경으로 확인해서 발견하지요.

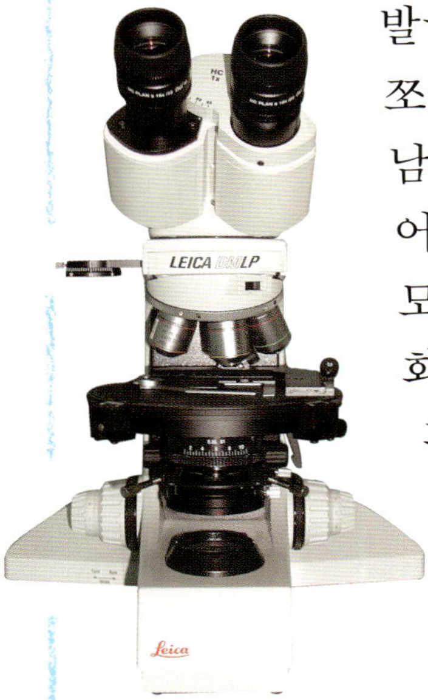

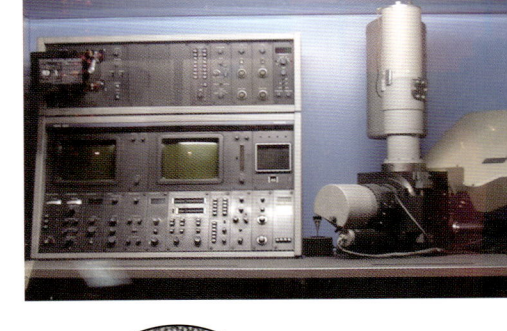

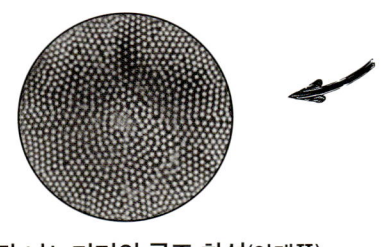

크기가 6만 나노미터인 규조 화석(아래쪽)
전자현미경(위쪽)이 없었다면 이 미생물 화석은 발견할 수 없었을 거예요.

편광현미경은 암석에 든 광물의 성질을 조사하기 위한 특수 현미경이에요. 광물현미경 또는 암석현미경이라고도 해요.

화석이 손상되지 않도록 암석을 떼어 내 작업실로 옮긴 다음 망치 같은 도구로 조심스럽게 발굴하는 작업실 모습이에요.

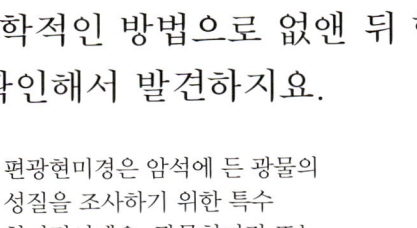

화석(흰색 동그라미 부분)이 들어 있는 퇴적암
암석은 크게 퇴적암과 화성암, 변성암으로 나뉘어요. 퇴적암은 물이나 바람에 의해 모래, 진흙, 자갈 등이 쌓여서 이루어진 암석이고, 화성암은 땅속 깊은 곳에 있던 마그마가 식어서 굳은 암석이에요. 변성암은 퇴적암이나 화성암이 열이나 압력을 받아 원래의 성질이 변한 암석이지요.

화석은 어떤 암석에서 발견되나요?

화석은 동식물의 몸이 모래나 진흙 같은 퇴적물에 묻혀 단단하게 굳어진 것이므로 주로 퇴적암에서 많이 발견돼요. 드물게 변성암에서 화석이 발견되기도 하는데, 퇴적암에 가해진 압력이나 열이 크지 않아서 그 안에 담긴 화석이 그대로 보존된 채 변성암으로 성질이 변했기 때문이에요.

화석의 이름은 어떻게 정해지나요?

화석의 이름은 스웨덴의 린네라는 학자가 제안한 '이명법'에 따라 정해져요. 이명법은 생물의 이름을 속명과 종명의 두 단어를 나란히 붙여서 불러요. 예를 들어 은행나무는 '징코 바일로바', 호랑이는 '판테라 티그리스'라는 학명으로도 불리지요. 린네의 분류 방법에 따르면 새와 공룡은 서로 다른 종류여서 따로 묶어야 해요. 하지만 요즘의 과학자들은 새와 공룡을 같이 묶어서 분류해야 한다고 생각하지요. 새를 공룡의 후예로 볼 수 있는 증거들이 계속 발견되기 때문이에요.

은행나무는 중생대부터 오늘날까지 살아온 식물로, 오늘날의 은행잎(오른쪽)과 은행잎 화석(왼쪽)이 크게 다르지 않아요. 은행나무는 세계에 1속 1종밖에 없고 1천 년 이상 장수하는 나무로 알려져 있어요.

살아 있는 화석도 있나요?

먼 옛날에 살았던 생물들은 대부분 사라졌지만, 오늘날까지 옛날과 다름없는 모습으로 살고 있는 생물들도 있어요. 은행나무, 메타세쿼이아 나무, 폐어, 실러캔스, 바퀴벌레, 철갑상어, 앵무조개 등이 바로 그 주인공들로, 이들을 '살아 있는 화석'이라고 불러요. 우리는 살아 있는 화석들을 통해 먼 옛날 지구에 살았던 생물들의 모습을 조금이나마 엿볼 수 있어요.

실러캔스 화석
사람들은 실러캔스가 고생대 데본기에서 중생대 백악기까지 살았던 물고기로 7천만 년 전에 멸종되었다고 여겼어요. 그런데 1938년에 화석에서 볼 수 있는 것과 똑같은 모습의 물고기가 마다가스카르 부근의 바다에서 잡혀 사람들을 깜짝 놀라게 했지요.

고대에서 오늘날까지 볼 수 있는 '살아 있는 화석'인 철갑상어의 모습

거짓화석은 무엇을 말하나요?

생물체의 뼈나 흔적은 아니지만 암석 속에 생물체의 생김새와 비슷한 것이 발견되기도 하는데, 이를 거짓화석이라고 해요. 거짓화석에는 식물 화석을 닮은 모수석, 거북의 등껍질을 닮은 귀갑석, 꽃잎 모양을 한 꽃돌 등이 있어요.

모수석은 마치 유리에 성에가 끼듯 광물질이 암석에 나뭇가지 모양으로 스며든 돌로서, 화석이 아니에요.

경상북도 청송·청도, 경상남도 밀양, 강원도 정선 등에는 꽃무늬가 들어 있는 돌이 많아요. 이런 돌을 '꽃돌'이라고 부르는데, 역시 화석은 아니에요. 해바라기, 국화, 장미를 비롯해 10여 가지의 꽃 모양을 볼 수 있어요.

자신의 이름이 새겨진 위조 화석을 발견한 사람은 누구인가요?

1725년에 독일의 베링거 교수는 소년들에게 화석 탐사를 시켰어요. 그런데 소년들은 베링거 교수를 시기하는 동료 교수들의 꼬임에 이미 넘어간 뒤였어요. 소년들은 개구리와 도마뱀 모양은 물론, 태양과 달 같은 모양의 위조 화석을 실제로 산에서 발굴한 것처럼 베링거 교수에게 가져다주었어요. 1726년에 이 모든 연구 결과를 책으로 펴낸 베링거 교수는 얼마 지나지 않아 자신의 이름이 새겨진 위조 화석을 발견했어요. 그제야 베링거 교수는 속은 것을 깨달았지요.

위조 화석 그림
베링거 교수는 일 년에 걸쳐 받은 화석들이 가짜라는 것을 꿈에도 몰랐어요. 그는 자신을 속인 동료 교수들에게 법의 심판을 받게 했으며, 펴낸 책을 회수하면서 남은 생을 보냈다고 합니다.

사람의 두개골과 오랑우탄의 턱뼈로 만든 위조 화석도 있나요?

1908년부터 1915년 사이에 영국의 필트다운에서 큰 뇌와 높은 이마, 큰 송곳니를 가진 두개골이 발견되었어요. 과학자들은 이 화석을 '필트다운 인'이라고 부르며 인류의 조상이라고 생각했어요. 그러나 1953년에 이르러서야 필트다운 인 화석은 사람의 두개골과 오랑우탄의 턱뼈를 붙여 만든 위조 화석이라는 것이 밝혀졌지요.

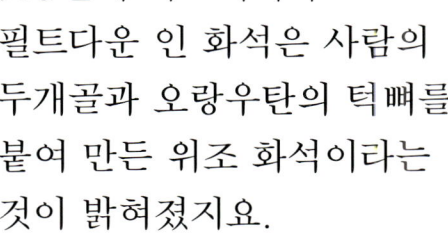

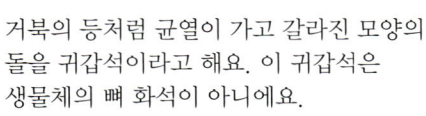

거북의 등처럼 균열이 가고 갈라진 모양의 돌을 귀갑석이라고 해요. 이 귀갑석은 생물체의 뼈 화석이 아니에요.

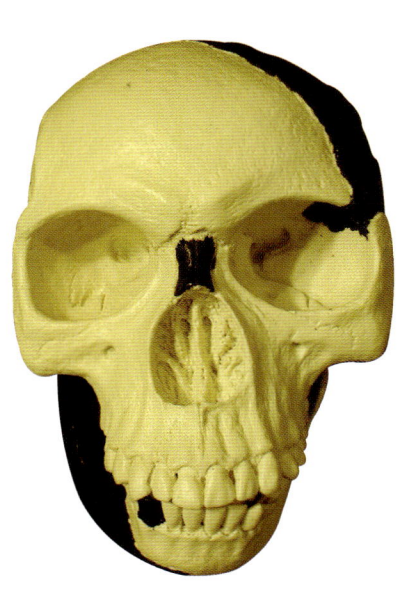

필트다운 인 화석이 발견되었을 때, 화석을 박물관에 보관하고 학자들이 연구하도록 허락하지 않아 위조 화석이라는 것이 쉽게 밝혀지지 않았대요.

지구의 나이는 몇 살인가요?

약 50억 년 전, 우주 공간에 퍼져 있던 원시 태양 성운은
다른 성운이 유입되어 자체 중력 에너지가 커지면서
수축하고 회전하며 차츰 크고 작은 알갱이를 만들어 냈어요.
이 알갱이들이 서로 부딪치고 합쳐지는 과정을 반복하면서
마침내 지구가 만들어졌지요. 지구의 암석과 월석 그리고
지구와 거의 비슷한 시기에 만들어진 운석의 나이를 잰 결과
지구의 나이는 약 45억 살인 것으로 밝혀졌어요.

지구에서 약 650광년 떨어진 헬릭스 성운은
별의 일생 중 마지막 단계를 보여 줍니다.
이처럼 멀리 떨어져 있는 별들을 통해 지구의
탄생과 발달을 살펴보고 미래를 예측할 수 있어요.

땅은 어떻게 생겨났나요?

원시 지구는 지표의 물질이 대부분 녹은 마그마
바다였어요. 그로부터 5천만 년에서 1억 년쯤
지난 후 지표면이 식으면서 땅이 생겨 지구는
지각, 맨틀, 핵으로 나누어졌지요.
지각은 대륙 지각과 해양 지각으로
구분되며, 지각 아래쪽의 맨틀은
지구에서 가장 많은 부분을
차지해요. 지구의
중심에 있는 핵은
외핵과 내핵으로
구분돼요.

대륙 지각의 두께는 평균 35km, 해양 지각의
두께는 평균 7km예요. 지구에서 가장 많은
부분을 차지하는 맨틀은 지하 2900km까지
이어지지요. 그리고 외핵은 액체 상태,
내핵은 고체 상태입니다.

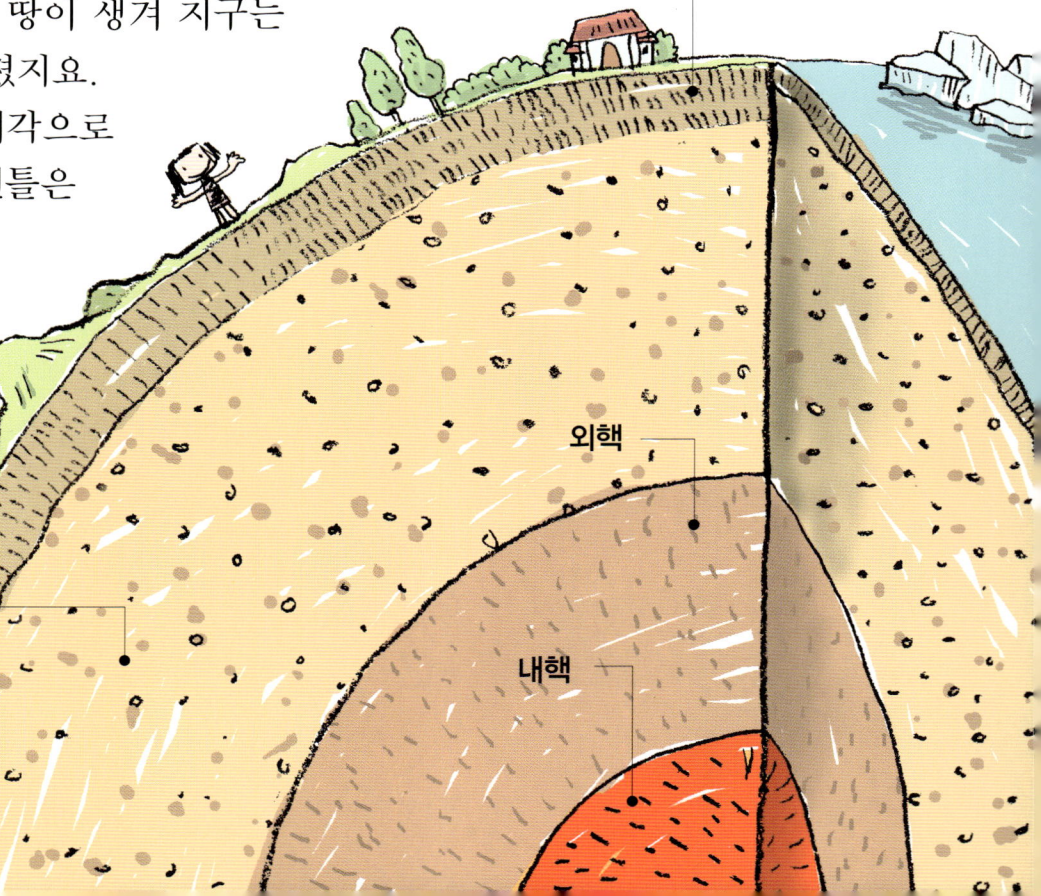

지구에서 가장 오래된 암석은 무엇일까요?

지구에서 가장 오래된 암석은 캐나다에서 발견된 아카스타 편마암으로, 나이가 약 40억 살이라고 알려져 있어요. 지구 최초의 땅은 맨틀 대류에 의해 원시 지구의 내부로 사라져 버려 정확히 알 수 없지만, 그보다 오래전에 만들어졌을 것으로 여겨집니다. 지구에서 가장 오래된 광물은 호주에서 발견된 43억 살의 저어콘이에요.

암석보다 암석에 들어 있는 광물의 나이가 더 많은 것은 광물이 높은 온도와 압력에서도 녹지 않고 재순환되었기 때문이에요.

바다와 대기는 어떻게 생겨났나요?

원시 지구는 화산 활동을 통해 수증기·이산화탄소·질소 등을 내보냈는데, 이들이 원시 지구의 대기를 이루었어요. 수증기는 모여서 비가 되어 땅을 식혔어요. 그러자 지구는 점점 차가워졌고, 마침내 강과 바다가 만들어졌지요. 대기 중의 수증기가 비로 내리는 바람에 대기에는 주로 이산화탄소가 남게 되었어요. 지구에 산소가 만들어진 것은 바다에서 탄생한 남세균이 광합성 활동을 시작하면서부터예요.

해양 지각

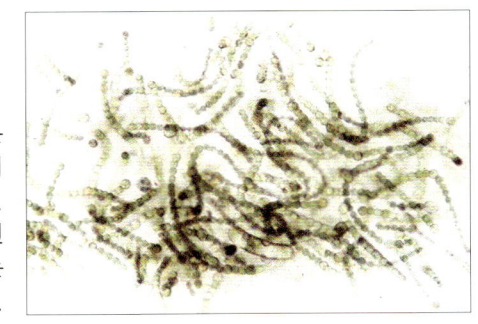

원시 바다에서 태어난 남세균은 광합성으로 지구를 생물이 살기 좋은 곳으로 바꾸었어요. 오늘날에는 오염이 많이 된 물에서 녹조 현상을 일으키는 것으로 알려져 있지요.

옛날에는 지구의 땅덩어리가 하나였다면서요?

약 3억 년 전에는 지구상의 거의 모든 땅이 하나로 붙어 있었어요. 이 땅을 판게아라고 하는데, 판게아는 북쪽의 로라시아 대륙과 남쪽의 곤드와나 대륙이 모인 초대륙이에요. 로라시아 대륙은 오늘날의 아시아, 유럽, 북아메리카가 모인 대륙이고, 곤드와나 대륙은 아프리카, 남아메리카, 호주, 남극이 모인 대륙이에요. 판게아는 약 2억 년 전부터 점차 쪼개지기 시작해, 오늘날과 같은 7개의 대륙으로 나누어졌어요.

고생대 후기의 대륙 이동으로 초대륙인 판게아와 함께 거대한 바다인 판달라사가 생겨났어요.

산 중턱에서 왜 바다 생물의 화석이 발견되나요?

산과 산맥은 지각이 솟아오르거나 서로 충돌하면서 만들어져요. 우리나라의 대표적인 산악 지대인 태백, 영월, 단양 지역 고생대의 퇴적암에서 약 200종이 넘는 삼엽충이 발견되고 있어요. 히말라야 산맥 중턱에서는 암모나이트 화석이 발견되기도 하고요. 삼엽충이나 암모나이트는 바다 생물이므로, 이 지역들이 예전에는 바다였다는 것을 말해 주지요.

암모나이트는 '아몬의 뿔'이라는 뜻인데 생긴 모양이 고대 이집트의 수호신인 아몬의 머리에 감긴 뿔 같다고 해서 붙여진 이름이에요. 암모나이트는 오늘날의 앵무조개와 관련이 있다고 하지요.

지구의 대륙이 하나였다는 것을 어떻게 알 수 있나요?

세계 지도를 펴 놓고 각 대륙들의 가장자리를 맞춰 보세요. 퍼즐을 맞추는 것처럼 잘 들어맞는다는 것을 알 수 있을 거예요. 화석으로도 지구의 땅덩어리들이 하나로 뭉쳐 있었음을 확인할 수 있어요. 약 2억 8천만 년 전에 살았던 담수 파충류 가운데 하나인 메소사우루스 화석은 현재 대서양을 사이에 두고 남아메리카 대륙의 오른쪽 지역과 아프리카 대륙의 왼쪽 지역에서 발견되고 있어요. 이는 먼 옛날에 두 대륙이 붙어 있었다는 증거가 되지요.

글로소프테리스는 곤드와나 대륙에서만 발견되는 육상 식물이에요. 글로소프테리스 화석(사진)은 곤드와나 대륙을 이루는 작은 대륙들이 하나로 붙어 있었다는 증거가 되지요.

메소사우루스의 화석(아래)
'중간 정도 크기의 도마뱀'이라는 이름을 가진 메소사우루스는 이름 그대로 몸길이 70cm 정도의 파충류예요. 고생대 페름기 초기, 대서양이 아직 생기지 않았고 오늘날의 남반구 대륙들이 한 덩어리를 이루고 있던 곤드와나 대륙의 강가에서 살았어요.

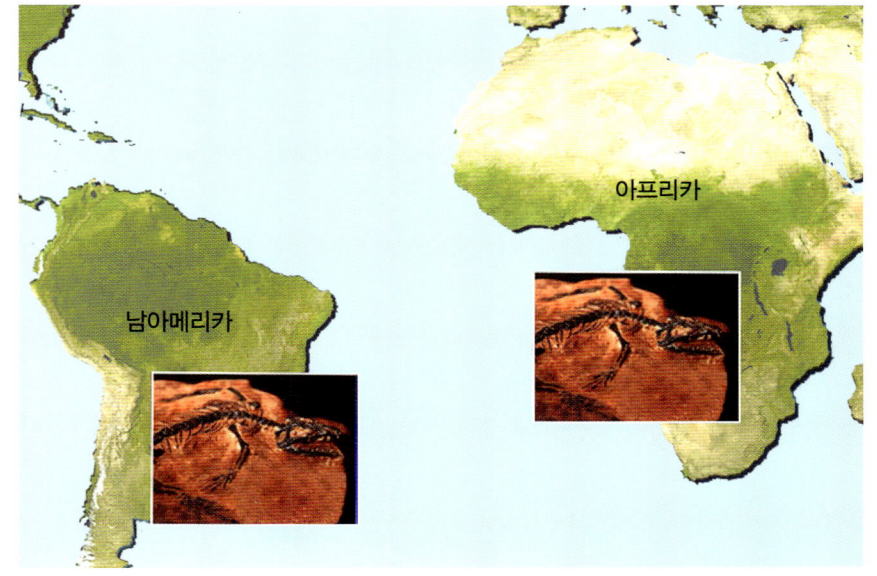

메소사우루스 발견 지역

가장 오래된 화석의 나이는 몇 살인가요?

현재까지 밝혀진 화석 가운데 가장 오래된 것은 호주에서 발견된 세포 주머니예요. 이 화석은 약 35억 년이나 된 암석에서 발견되었으니 화석의 나이도 약 35억 살이 되는 셈이죠. 반대로 가장 젊은 화석의 나이는 약 5천5백 살이에요. 화석은 역사 시대 이전에 살았던 생물들의 유해나 흔적을 말하는데, 문자가 발명되어 기록을 남기기 시작한 것이 약 5천5백 년 전부터거든요.

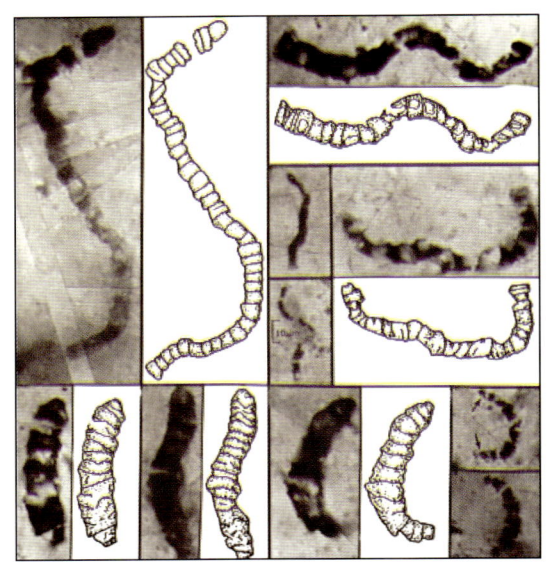

화석의 나이를 알려면 화석이 발견된 암석의 나이를 알아야 해요. 암석의 나이는 방사성 동위원소로 알 수 있어요. 호주에서 발견된 이 남세균의 나이는 약 35억 살로 밝혀졌어요.

화석에 지구의 자전 속도가 기록되어 있다고요?

산호의 성장선을 관찰하면 일 년 동안 얼마나 자랐는지를 알 수 있어요.

어떤 산호 종류는 매일 하나의 얇은 층을 만들며 성장해요. 현생 산호의 성장선은 대개 일 년에 360개인데, 약 4억 년 전의 산호는 일 년에 400개예요. 이것은 약 4억 년 전에는 오늘날과 달리 일 년이 400일이었고, 달수는 열세 달이며, 하루는 22시간이었음을 뜻하지요. 이처럼 일 년의 날수는 점점 줄어들고 하루의 길이가 길어지는 것은 지구의 자전 속도가 점차 느려지고 있기 때문이에요.

퇴적암 속에 묻힌 나무의 줄기나 세포에 규산이 스며들어 화석화된 것을 규화목이라 해요. 나이테나 세포가 잘 보존된 규화목이 많아서 옛날에 살았던 나무의 종류를 알 수 있어요.

지질 시대	**선캄브리아 시대** (암흑대, 시생대, 원생대)	**고생대** (캄브리아기, 오르도비스기, 실루리아기, 데본기, 석탄기, 페름기)
	(약 45억 년 전~5억 4천만 년 전)	(약 5억 4천만 년 전~2억 5천만 년 전)

계절의 변화를 기록한 화석이 있나요?

나이테는 계절에 따라 나무가 자라는 양이 달라서 생기는 거예요. 나무뿐 아니라 동물의 뼈, 이빨, 상아에도 나이테가 나타나지요. 계절의 변화와 지구의 생명의 역사를 담고 있는 화석도 있어요. 스트로마톨라이트는 지구에 나타난 최초의 생물인 단세포 원시 미생물(남세균)과 작은 탄산칼슘 알갱이가 번갈아 가며 쌓여 만들어진 석회암이에요. 스트로마톨라이트는 일 년에 0.5mm 정도 자라며, 지금도 계속 만들어지고 있어요.

스트로마톨라이트는 지구 역사에서 특별한 의미를 갖는 살아 있는 화석으로 학술적 가치가 매우 높아요.

인천시 옹진군 소청도에서 발견된 스트로마톨라이트

우리나라에서 발견된 가장 오래된 화석으로 약 10억 살이에요. 강원도 영월군 문곡리의 스트로마톨라이트와 함께 천연기념물로 지정되었어요.

화석이 만들어진 시대를 어떻게 알 수 있나요?

생물은 시간이 흐르면서 차츰 변화하며, 멸종되면 다시 나타나지 않아요. 옛날에 어떤 생물이 나타났다가 사라졌는지는 화석으로 남게 되지요. 화석이 묻혀 있던 암석을 분석하면 화석이 만들어진 시기를 알 수 있어요. 또한 발견된 화석의 종류를 파악하면 지층의 암석이 형성된 연대를 짐작할 수 있지요. 이처럼 지층이 만들어진 시기를 알려 주는 화석을 표준화석이라고 해요.

신생대를 대표하는 표준화석으로는 화폐석(위쪽)과 매머드가 있어요.

삼엽충(왼쪽)은 고생대의 대표적인 표준화석이에요.

암모나이트(왼쪽)는 공룡과 함께 중생대의 표준화석이에요.

중생대 (트라이아스기, 쥐라기, 백악기)　　　　**신생대**

(약 2억 5천만 년 전~6천5백만 년 전)　　　　(약 6천5백만 년 전~현재)

에디아카라 동물군이란 무엇인가요?

약 6억 년 전, 지구에는 뼈대가 없는 기묘한 모양의 다세포 생물들이 많이 나타났어요. 이 생물들은 단단한 껍데기가 없어서 화석으로 보존되기 어려웠어요. 그러나 호주의 에디아카라라는 작은 언덕에서 이들의 화석이 많이 나타나 이 생물들을 에디아카라 동물군이라고 불러요.

에디아카라 동물군 상상도

고생대를 왜 '삼엽충의 시대'라고 하나요?

약 5억 년 전에 골격을 가진 작은 해양 동물들이 나타났어요. 당시 대기 가운데 산소는 현재 수준의 약 10%였다고 알려져 있는데, 산소가 늘어나면서 생물의 진화도 빨라진 것으로 보고 있지요. 이 시기는 특히 삼엽충이 가장 번성해 바다를 지배했기 때문에 '삼엽충의 시대'라고 부르기도 해요.

● 고생대에는 주로 삼엽충, 조개, 필석, 해백합 등 바다 속에서만 살 수 있는 생물들이 번성했어요. 따라서 이 화석들이 어떤 암석에서 발견된다면 그 암석은 바다에서 만들어졌다고 생각할 수 있지요.

삼엽충 화석   조개류 화석   해백합 화석

최초의 육상 식물은 무엇인가요?

최초의 육상 식물은 약 4억 2천만 년 전에 나타난 '쿡소니아'예요. 이 식물은 잎도 뿌리도 없이 두 갈래로 갈라진 줄기로만 이루어졌어요. 쿡소니아는 포자를 바람에 날려 퍼뜨리는 새로운 번식 방법을 발달시켰고, 그 결과 육지 안쪽까지 진출할 수 있었어요. 이처럼 씨 없이 포자로 번식하는 식물들을 양치식물이라고 해요.

양치식물의 하나인 인목(위쪽)과 노목(아래쪽)의 화석

땅 위로 올라온 최초의 등뼈동물은 무엇인가요?

바다에 사는 어류는 꾸준히 진화해 강과 호수에서도 살 수 있게 되었어요. 그 가운데 어떤 어류는 허파와 네 다리를 발달시켜 뭍으로 나올 수 있게 되었지요. 약 3억 7천만 년 전에 나타나 맨 처음 땅을 밟은 이 등뼈동물의 이름은 이크티오스테가예요. 이크티오스테가는 대부분 물 속에서 생활했으며, 다른 호수로 옮겨 가기 위해 다리와 허파를 이용했을 거라고 해요.

등뼈동물 가운데 맨 처음 땅 위를 밟은 이크티오스테가의 디오라마

중생대를 왜 '공룡의 시대'라고 하나요?

파충류는 양서류의 뒤를 이어 지구에 나타난 등뼈동물이에요. 초기 파충류는 배를 끌며 네 발로 땅 위를 기어 다녔어요. 공룡은 나중에 나타난 파충류로, 두 다리나 네 다리로 서서 걸었어요. 공룡은 파충류 가운데 가장 번성해 공룡 제국을 이루었지요. 공룡은 더욱 진화해 하늘을 날 수 있게 되었어요. 고생대를 '삼엽충의 시대'라고 하듯, 중생대는 '공룡의 시대'였어요.

공자새 화석
공자새는 시조새 다음으로 오래된 새예요. 이빨이 없는 부리를 가진 최초의 새지요. 공자새 화석은 1995년 중국에서 맨 처음 발견되었어요.

익룡의 골격 화석
익룡은 하늘을 나는 데 처음으로 성공한 등뼈동물이에요. 공룡이 육지의 왕이라면 익룡은 하늘의 왕이었지요.

공룡 시대의 상상 그림
파충류는 피부가 각질로 덮여 있어 몸 안의 수분을 보존할 수 있었어요. 따라서 물을 떠나 사막 같은 건조한 곳에서도 살 수 있었지요.

시조새 상상 그림
시조새는 쥐라기 끝 무렵인 약 1억 5천만 년 전에 살았던 최초의 새예요. 시조새는 조류와 공룡의 특징을 가지고 있지요.

공룡의 피부 화석도 있나요?

공룡의 피부 화석을 통해 공룡 겉껍질의 모양과 구조를 알 수 있어요. 피부색은 피부 표면의 색소체와 세포 구조의 영향을 받으므로 피부 화석을 자세히 연구하면 공룡의 피부색도 알아낼 수 있을지 몰라요. 또한 공룡의 피부색은 공룡의 특성과 살았던 환경 그리고 오늘날 살아 있는 생물 가운데 가까운 관계에 있는 생물을 비교 연구해서 간접적인 증거를 얻기도 해요.

공룡 피부 화석
영화나 전시관에서 보는 공룡 모형은 공룡 골격 화석을 근거로 전체 뼈대를 세우고, 살을 붙인 다음 피부를 입혀서 만들어요.

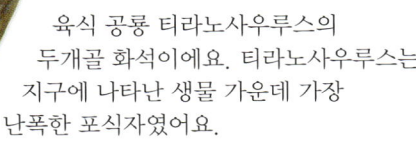

육식 공룡 티라노사우루스의 두개골 화석이에요. 티라노사우루스는 지구에 나타난 생물 가운데 가장 난폭한 포식자였어요.

주목 잎 화석(위쪽)과 오늘날의 주목 잎(아래쪽)

중생대에는 어떤 식물들이 있었나요?

데본기 끝 무렵에 양치식물의 뒤를 이어 겉씨식물이 나타났어요. 포자 대신 씨로 번식하는 방법을 발달시킨 겉씨식물은 크게 번성해서 중생대의 육상 식물계를 지배하게 되었어요. 중생대를 지배한 동물이 파충류였다면, 중생대를 지배한 식물은 겉씨식물이었어요. 소철, 은행나무, 주목 및 구과 식물이 대표적인 겉씨식물이에요.

신생대를 왜 '포유류의 시대'라고 하나요?

파충류의 뒤를 이어 지구에는 조류와 포유류가 나타났어요. 조류와 포유류는 기온과 관계없이 일정한 체온을 유지할 수 있어서 다양한 환경에 적응할 수 있었고, 신생대에 이르러 지구를 지배하게 되었어요. 신생대의 대표적인 대형 포유류는 매머드예요. 매머드는 오늘날의 코끼리의 가까운 친척이지요.

어른 매머드와 새끼 매머드의 골격 화석
두꺼운 지방층과 털로 빙하기를 잘 견뎌 온 매머드는 갑작스러운 기후 온난화에 적응하지 못하고 멸종하고 말았어요.

신생대에는 어떤 식물이 육상 식물계를 지배했나요?

약 1억 2천만 년 전에 속씨식물이 지구에 처음 나타났어요. 속씨식물은 씨가 씨방 속에 들어 있어 겉씨식물보다 씨를 더 안전하게 보호할 수 있었지요. 다양하게 분화된 속씨식물은 신생대에 이르러 육상 식물계를 지배하게 되었어요. 오늘날 지구에 사는 전체 식물 가운데 90% 이상이 속씨식물이에요.

너도밤나무의 잎 화석

야자나무의 잎 화석

가장 오래된 인류 화석은 무엇일까요?

지금까지 알려진 가장 오래된 인류 화석은 아르디피테쿠스 라미두스예요. 아르디피테쿠스 라미두스는 유인원과 구분되는 최초의 원시 인류로 약 4백4십만 년 전의 지층에서 발견되었어요. 약 4백만 년 전에 나타난 오스트랄로피테쿠스 아파렌시스는 현생 인류의 직접적인 조상으로 여겨지는데, 대표적인 화석으로 루시라고 이름 붙여진 화석이 전해지고 있어요.

오스트랄로피테쿠스의 두개골 화석

현생 인류는 언제 나타났나요?

현생 인류와 같은 종에 속하는 호모 사피엔스는 20만 년 전쯤 아프리카에서 나타났으며, 8만 년 전쯤 전 세계로 퍼져 나갔어요. 이 가운데 어떤 무리는 동남아시아와 호주로 이주했고, 다른 무리는 베링 해협을 건너 북아메리카 대륙에 다다랐어요. 유럽으로 건너간 무리는 기술을 발달시켜 크로마뇽 문화를 이룩했어요.

크로마뇽 인의 두개골 화석

식물이 변해서 만들어진 검은 돌은 무엇일까요?

옛날에 육지에 살았던 거대한 식물들이 죽어서 호수나 늪 속에 겹겹이 쌓인 후 묻혀서 만들어진 검은 돌을 석탄이라고 해요. 우리나라에서 나오는 석탄은 대부분 무연탄으로, 약 2억 8천만 년 전인 고생대의 페름기 암석에서 나오고 있어요. 이때의 석탄을 이룬 식물군은 주로 노목, 인목 같은 양치식물이에요.

연탄은 석탄으로 만들지요. 석탄은 전 세계 산출량의 3분의 1 이상이 고생대에 만들어졌는데, 이 가운데 석탄이 많이 만들어진 시기를 석탄기라고 해요.

오늘날 흔히 볼 수 있는 대표적인 양치식물인 고사리예요.

양치식물 화석
빛나는 부분이 석탄의 주성분인 탄소 성분이에요.

석유와 천연가스는 어떤 생물이 변해서 만들어졌나요?

석유와 천연가스는 바다에 살았던 플랑크톤 같은 작은 생물들이 묻힌 후 지구의 열에 의해 액체와 기체로 변한 거예요. 이처럼 석유와 천연가스, 석탄은 먼 옛날에 죽은 동식물의 유해로 만들어진 것이라서 화석 연료라고 불러요. 화석 연료는 다른 에너지원에 비해 값이 싸기 때문에 대량으로 써 왔지만, 묻혀 있는 양이 정해져 있어 언젠가는 없어지고 만다는 문제가 있어요. 또 대기 오염과 지구 온난화를 비롯한 갖가지 환경 문제의 원인이 되기도 해요.

석탄 박물관의 탄광 모형
우리나라는 태백, 문경, 보령 등지에 탄광이 있었지만, 지금은 대부분의 탄광이 문을 닫았지요.

석회암은 어떤 생물이 변한 것일까요?

바다 생물들의 껍질은 보통 아라고나이트와 방해석이라는 물질로 이루어져 있어요. 석회암은 바다 생물들이 죽은 다음에 껍질이 분해되어 쌓인 퇴적암이에요. 그러니까 석회암은 먼 옛날에 살았던 바다 생물들의 공동묘지인 셈이지요. 우리나라는 강원도 삼척과 영월, 충북 단양과 제천이 석회암 산지로 유명해요.

석회암은 주로 시멘트와 비료의 원료로 쓰여요. 대리석은 석회암의 성질이 변한 것으로, 고급 석재로 쓰이지요.

보석으로 쓰이는 화석도 있나요?

호박은 나무의 진이 단단하게 굳어서 된 광물이에요. 오래전부터 호박은 파이프나 장신구로 귀하게 쓰였는데, 특히 발트 해에서 나는 호박이 유명해요. 흑요석은 먼 옛날에 살았던 식물들이 땅속에 묻혀 만들어진 검은 돌, 즉 석탄의 일종이에요. 선사 시대의 동굴이나 유적에서 흑요석 작품들이 발견되고 있으며, 19세기에는 장례용 장신구로도 쓰였어요. 이 밖에 퇴적암의 빈 곳이나 암석이 갈라진 틈에 실리카 성분이 쌓인 뒤 단단하게 굳어진 오팔 등도 보석처럼 귀한 대접을 받지요.

호박에서는 끈적이는 진에 빠져 함께 화석으로 보존된 곤충들이 관찰되기도 해요.

흑요석으로 만든 구석기 시대의 홑날 석기(복원품)
나무껍질이나 동물의 힘줄을 벗겨서 날카로운 창을 만들 때 이 흑요석을 썼어요.

우리나라에서는 어떤 화석들이 발견되나요?

우리나라에서는 선캄브리아 시대부터 신생대에 이르기까지 다양한 시기의 퇴적암이 분포되어 여러 종류의 화석이 발견되고 있어요. 강원도 태백과 영월 지역에서는 고생대의 삼엽충이 발견되고, 경남 고성과 전남의 해남 지역에서는 수천 개의 공룡 발자국이 발견되지요. 포항에서는 다양한 모양의 신생대 식물 화석을 찾아볼 수 있어요.

경북 고령군 성산면의 중생대 백악기 지층에서 채집된 담수 물고기 화석
이 화석의 주인공은 백악기에 얕은 호수에서 살았어요.

우리나라에서 최초로 발견된 공룡 뼈는 무엇인가요?

1973년 경북 의성군 금성면 청로리에서 우리나라에서는 최초로 공룡 뼈 화석이 발견되었어요. 학자들은 이 뼈가 공룡의 오른쪽 아래팔 뼈처럼 보여서 당시에 가장 큰 공룡이었던 수퍼사우루스보다 훨씬 큰 종류일 것으로 생각해서, '울트라사우루스 탑리엔시스'라는 이름을 붙였어요. 하지만 나중에 이 골격이 공룡의 왼쪽 위팔 뼈로 밝혀져 울트라사우루스라는 이름은 인정받지 못했어요.

경북 의성군 청로리에서 발견된 공룡 뼈 화석
1973년에 우리나라에서 최초로 발견된 공룡 골격은 별다른 연구 없이 발견된 장소에 그대로 놓여 있다가 1977년에 다른 사람에게 다시 발견되었어요. 이때부터 본격적으로 연구가 시작되었는데, 이 골격은 뼈가 불완전해서 아직까지 어느 종류에 속하는 공룡의 골격인지 정확히 알 수 없어요.

공룡 화석은 왜 우리나라에서 많이 발견될까요?

공룡은 중생대에 땅 위에서만 살았던 파충류예요. 따라서 공룡 화석이 발견되려면 중생대 기간에 육지 환경에서 퇴적된 지층이 있어야만 하지요. 우리나라는 중생대에 퇴적된 지층의 면적이 남한 전체 면적의 4분의 1이 넘어요. 공룡 화석이 많이 발견될 수 있는 조건을 두루 갖춘 셈이지요. 우리나라의 공룡 화석은 대부분 중생대 백악기에 퇴적된 암석에서 발견돼요.

우리나라의 중생대 지층은 대부분 백악기에 퇴적되었어요. 따라서 한반도에서 발견되는 공룡들은 '쥐라기 공원'이 아니라 '백악기 공원'에서 살았던 셈이죠.

우리나라에서 공룡 발자국 화석이 처음 발견된 곳은 어디인가요?

덕명리에서 발견된 수각류 발자국 화석
수각류는 용반목에 속하는 육식 공룡이에요. 오늘날의 조류는 익룡이 아니라 수각류에서 진화했다고 하지요. 알로사우루스와 티라노사우루스 등이 수각류에 속해요.

조각류 발자국 화석
공룡은 육지에서만 서식했던 파충류로, 다리가 수직으로 뻗어 반듯하게 걸을 수 있었어요. 최초로 발견된 공룡 화석인 이구아노돈이 조각류에 속해요.

1982년 경남 고성군 하이면 덕명리 바닷가에서 우리나라 최초로 공룡 발자국 화석이 발견되었어요. 경남 고성에서는 지금까지 수많은 발자국 화석이 발견되었는데, 초식 공룡인 용각류와 조각류, 육식 공룡인 수각류, 그리고 새의 발자국도 확인되었어요. 경남 마산의 양도와 송도 해안에서는 길이 120cm, 폭 70cm에 이르는 대형 초식 공룡의 발자국이 선명한 형태로 발견되기도 했지요.

세계에서 가장 작은 공룡 발자국 화석은 어디에서 발견되었나요?

사천시 신수도에서 발견된 미니사우리푸스의 발자국

2007년 경남 남해군 창선면에서 세계에서 가장 작은 공룡 발자국 화석이 발견되었어요. 이 화석은 길이가 1.27cm, 폭이 1.06cm로 아주 작아서 미니사우리푸스라는 이름이 붙었어요. 수각류에 속하는 이 공룡은 키가 최대 10cm를 넘지 않으며, 발견된 발자국은 아마도 알에서 깬 지 얼마 되지 않은 새끼 공룡의 것으로 추정돼요. 한편, 경남 고성군 회화면 바닷가에서는 뒷발의 길이가 9cm인 세계에서 가장 작은 새끼 용각류의 발자국 화석이 발견되었어요.

보성에서 발견된 공룡 알둥지 화석

공룡은 새끼를 돌보지 않는다고 알려져 왔어요. 그러나 1978년 미국 몬태나 주에서 갓 부화한 새끼와 알이 어미 공룡과 함께 있는 알둥지 화석이 발견되면서 공룡도 새끼를 돌봤을 거라는 가설이 힘을 얻게 되었어요.

우리나라에서 공룡 알둥지 화석이 발견된 곳은 어디인가요?

1972년 공룡 알 조각이 처음 발견된 후, 1990년대 말쯤 공룡 알과 알둥지 화석이 경기도 화성군 시화호, 전남 보성군 선소 해안, 경남 고성과 통영 지방에서 발견되었어요. 시화호와 전남 보성에서 발견된 알둥지 화석은 이 지역이 공룡들이 알을 낳던 장소였음을 알려 주지요.

2004년에는 전남 보성군 득량면 바닷가에서 덩어리째 붙은 새끼 공룡 뼈 화석과 알둥지 화석이 발견되었어요. 이것은 어미 공룡이 새끼 공룡을 돌보았다는 증거가 되었지요.

경기도 화성군 시화호 주변은 몽골, 중국 청룡산에 이어 세계 3대 공룡 알 화석지로 꼽혀요. 이곳은 1억 년 전 백악기 때 공룡들이 무리지어 살던 곳으로 이미 발견된 150여 개의 공룡 알 화석과 갯벌 속에 묻혀 있을 화석들까지 확인된다면 세계적인 규모의 공룡 화석지가 될 거라고 해요.

아기 공룡 보행화석 가운데 세계에서 가장 긴 것은 어디에서 발견됐나요?

2008년 경북 의성군에서 용각류 아기 공룡 두 마리가 남긴 발자국 행렬이 발견되었어요. 이 발자국 행렬은 각각 4.25m가 넘어서, 아기 공룡 보행화석 가운데 가장 긴 것임이 밝혀졌어요. 아기 공룡의 보행 속도는 시속 2~5km로 추정됐어요.

경북 의성에서 발견된 아기 공룡 발자국

세계에서 가장 오래된 새 발자국 화석은 어디에서 발견되었나요?

전남 우항리에서 발견된 익룡 발자국 화석은 아시아에서는 최초로 발견된 거예요. 이 익룡의 뒷발자국은 세계에서 가장 크지요. 익룡의 발자국이 7.3m나 계속 이어지는 보행 흔적도 있는데, 이것도 세계에서 가장 긴 것이라고 해요.

공룡 발자국 화석으로 유명한 전남 우항리에서는 아시아 최초로 발견된 익룡 발자국뿐만 아니라 세계에서 가장 오래된, 물갈퀴를 가진 새 발자국 화석도 발견되었어요. 이 화석이 발견되기 전에는 미국 유타 주에서 발견된 물갈퀴를 지닌 오리 발자국 화석이 가장 오래된 것으로 알려졌어요. 하지만 우항리 발자국은 유타 주의 발자국 화석보다 3천만 년이나 더 오래된 것이라고 해요. 경남 함안군 칠원면 용산리와 경남 진주시 진성면 경남과학고등학교에서 수천 개의 새 발자국 화석이 발견되기도 했어요.

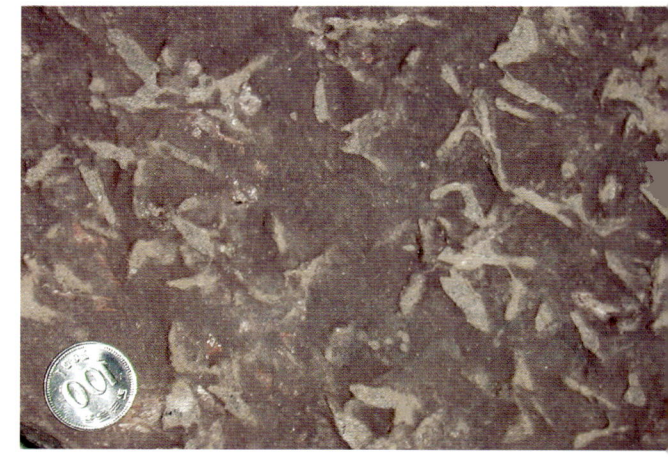

경남과학고등학교에서 발견된 새 발자국 화석

우리나라에서도 완전한 공룡 뼈 화석이 발견되었나요?

2004년 10월에 전남 보성군 득량면 바닷가에서 공룡 알과 알둥지와 함께 거의 완벽한 형태의 공룡 뼈 화석이 발견되었어요. 그동안 한반도에서 무수히 많은 공룡 발자국과 알, 뼈 화석이 발견됐지만, 화석의 주인공이 누구인지 분명히 밝히기는 어려웠지요. 이 공룡 뼈는 초식 공룡의 골격으로, 힙실로포돈트류에 속하는 것으로 밝혀졌어요. 2008년 5월에는 시화호 인근의 경기도 화성시 전곡항 부근에서 공룡의 뒷부분 뼈가 발견되었는데, 이 공룡은 백악기에 살았던 초식 공룡인 프로토케라톱스류에 속해요. 그리고 2008년 9월에는 경남 고성군에서 뿔공룡의 왼쪽 턱뼈 화석이 발견되었어요.

전남 보성군에서 발견된 공룡 뼈 화석
이 화석은 전신 골격의 길이가 약 2m로 알에서 부화한 지 일 년이 지나지 않은 새끼 공룡의 것이라고 해요.

공룡의 똥 화석도 있나요?

우리나라에서는 1992년 경남 진양군 나동면 유수리에서 아시아에서는 최초로 공룡의 똥 화석이 발견되었어요. 공룡의 똥 화석은 화석의 주인공이 무엇을 먹고 살았는지, 당시의 생활 환경은 어떠했는지 알 수 있는 매우 중요한 자료예요. 미국의 쥐라기 지층에서 길이가 약 43cm에 이르는 육식 공룡의 똥 화석이 발견되었는데, 그 속에는 소화가 덜 된 뼈 조각들이 남아 있었다고 해요.

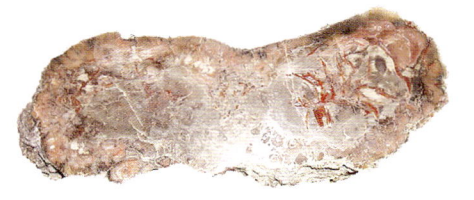

공룡 똥 화석
똥 화석을 잘 관찰하면 당시의 생물이 무엇을 먹었는지를 알아낼 수 있어요.

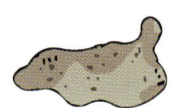

공룡 화석과 함께 발견되는 화석에는 어떤 것이 있나요?

경남 진양군 유수리에서 발견된 공룡 발톱 화석은 끝이 뾰족하고 구부러졌어요.

경남 남해안의 무인도에서 발견된 익룡의 앞발 네 번째 발가락의 첫 마디 화석
앞발의 네 번째 발가락은 날개 역할을 하는 피부막을 버티고 있었다고 해요.

중생대에는 공룡 말고도 다양한 생물들이 살았어요. 전남 해남군 황산면 우항리에서는 하늘을 날던 파충류인 익룡의 발자국과 뼈 화석이, 경남 남해안의 어느 무인도에서는 익룡의 뼈 화석이 발견되었어요. 익룡은 최초로 하늘을 난 등뼈동물로, 4개의 발가락이 달린 긴 앞발과 5개의 발가락이 달린 짧은 뒷발이 있었어요. 우항리의 발자국 화석은 앞발의 발가락 3개와 뒷발의 발가락 5개가 찍힌 것으로, 익룡이 네 발로 걸어 다녔다는 것을 보여 주지요.

익룡의 골격 화석
익룡은 얇은 피부막을 이용해 하늘을 날아다녔어요.

화석으로도 초식 공룡과 육식 공룡의 이빨을 구별할 수 있나요?

초식 공룡의 이빨

육식 공룡의 이빨

풀을 뜯어 먹고 산 초식 공룡들은 이빨 끝이 뭉툭하고 둥글게 생겼어요. 다른 공룡 등을 잡아먹고 산 육식 공룡들은 이빨의 가장자리가 톱니같이 날카로웠지요. 우리나라에서는 경남 진양군 나동면 유수리와 사천시 서포면 구랑리에서 공룡의 이빨 화석이 발견되었는데, 1990년에는 처음으로 초식 공룡의 이빨이 발견되었어요. 1997년 경남 진주시 나동면에서는 알로사우루스과에 속하는 육식 공룡의 이빨 화석이 나왔어요.

우리나라에서도 곤충 화석이 발견되었나요?

오늘날 지구에 살고 있는 생물 가운데 5분의 3가량이 곤충이에요. 곤충은 약 4억 년 전인 고생대 데본기에 처음 나타났지요. 곤충은 단단한 뼈가 없어서 화석을 남기기 어려워요. 우리나라에서는 충남 보령, 경남 진주, 전남 함평 지역의 중생대 지층에서 곤충 화석이 발견되었어요. 바퀴벌레, 딱정벌레, 모기, 잠자리, 사마귀, 귀뚜라미, 벌, 파리, 매미 등이 발견되었는데, 이 가운데 사마귀는 중생대 백악기 지층에서는 세계 최초로 발견된 거래요.

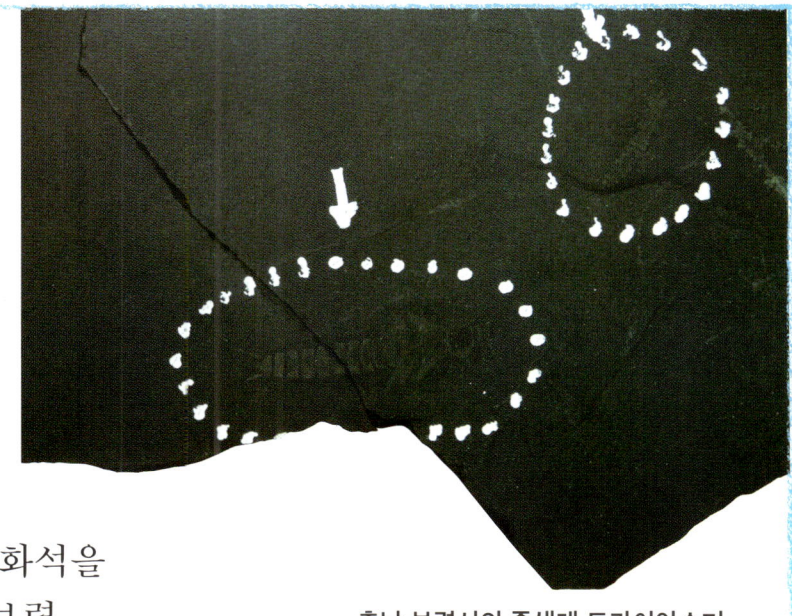

충남 보령시의 중생대 트라이아스기 지층에서 채집된 곤충 화석(흰색 표시 부분)
이 곤충은 강도래목에 속하는 유충으로 강이나 호수에서 살았다고 해요.

화석은 어디에 가면 볼 수 있나요?

우리나라에는 선캄브리아 시대부터 신생대에 걸쳐 다양한 시기의 여러 화석들이 있어요. 나무고사리, 삼엽충, 공룡 같은 귀중한 자연 유산이 발견되는 화석 산출지는 천연기념물로 지정되어, 무분별하게 채집하거나 함부로 발굴하지 못하도록 보호하고 있지요. 화석을 관찰하려면 가까운 자연사박물관을 방문해 보세요. 자연사박물관은 먼 옛날에 살았던 생물들을 만나볼 수 있는 멋진 공간이에요.

공룡박물관이나 일부 자연사박물관에서는 공룡들의 생활 모습을 재현한 재미난 모형도 볼 수 있어요.

찾아보기

ㄱ

거짓화석 8
겉씨식물 19, 20
고생대 8, 12, 13, 16, 22, 31
고생물학자 5
곤충 화석 31
공룡 발톱 30
귀갑석 8, 9
꽃돌 8

ㄴ

남세균 11, 14, 15

ㄷ

등뼈동물(척추동물) 17, 18, 30
똥(배설물) 4, 29

ㄹ

린네 7

ㅁ

매머드 15, 20
메리 애닝 5
메소사우루스 13
모수석 8

ㅂ

바다전갈 4
발자국 4, 24, 26, 28, 30
백악기 8, 25, 27
베링거 9
변성암 7

ㅅ

삼엽충 4, 15, 16, 18, 24, 31
석유 22
석탄 22, 23
석회암 15, 23
속씨식물 20
스트로마톨라이트 15
신생대 15, 20
실러캔스 8

ㅇ

아르디피테쿠스 라미두스 21
아기 공룡 보행화석 28
알 4, 27
알둥지 27
알로사우루스 30
암모나이트 12, 15
양치식물 17, 19, 22
울트라사우루스 24
원시 지구 10, 11
위조 화석 9
유해 화석 4
육식 공룡 19, 26, 29, 30
이명법 7
이빨 15, 30
이크티오스테가 17
익룡 18, 28, 30

ㅈ

자전 14
중생대 7, 15, 18, 19, 24, 25, 30, 31
쥐라기 4, 25, 29

ㅊ

천연가스 22
초식 공룡 26, 28, 30

ㅋ

쿡소니아 17

ㅌ

퇴적암 7, 12, 14, 23, 24
티라노사우루스 19, 26

ㅍ

파충류 13, 18, 19, 20, 25, 26
판게아 12
표준화석 15
필트다운 인 9

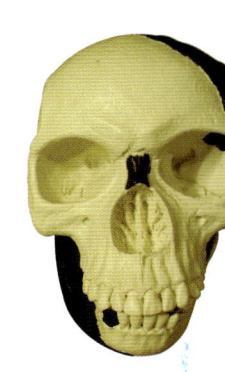

ㅎ

호모 사피엔스 21
호박 4, 23
화석 연료 22
화석화 과정 4
화성암 7
화폐석 15
흔적 화석 4

■ 가볼 만한 곳

자연사박물관

국립중앙과학관
대전광역시 유성구 구성동 32-2번지
http://www.science.go.kr

국립서울과학관
서울특별시 종로구 와룡동 2번지
http://www.ssm.go.kr

경북대학교 자연사박물관
경상북도 군위군 효령면 장군리 190-2번지
http://mnh.knu.ac.kr

경희대학교 자연사박물관
서울특별시 동대문구 회기동 1번지
http://nhm.khu.ac.kr

이화여자대학교 자연사박물관
서울특별시 서대문구 대현동 11-1
http://nhm.ewha.ac.kr/index.jsp

충남대학교 자연사박물관
대전광역시 유성구 궁동 220번지
http://museum.ac.kr/

한남대학교 자연사박물관
대전광역시 대덕구 오정동 133번지
http://museum.hannam.ac.kr/index.jsp

계룡산자연사박물관
충청남도 공주시 반포면 학봉리 511-1번지
http://www.krnamu.or.kr

목포자연사박물관
전라남도 목포시 용해동 9-28번지
http://museum.mokpo.go.kr

서대문자연사박물관
서울특별시 서대문구 연희3동 산5-58번지
http://namu.sdm.go.kr

강화은암자연사박물관
경기도 강화군 송해면 양오리 632-4번지
문의전화: 032-934-8872~3

제주도 민속자연사박물관
제주도 제주시 일도2동 996-1번지
http://museum.jeju.go.kr

화석 관련 박물관

고성공룡박물관
경상남도 고성군 하이면 덕명리 85번지
http://museum.goseong.go.kr

경보화석박물관
경상북도 영덕군 남정면 원척리 267-9번지
문의전화: 054-732-8655

동해고래화석박물관
강원도 동해시 망상동 360-5번지
http://www.dhsisul.org
(동해시설관리공단 사이트입니다. 관리시설 안내에서 고래화석박물관 홈페이지를 찾을 수 있습니다)

문경석탄박물관
경상북도 문경시 가은읍 왕릉리 432-5번지
http://www.coal.go.kr

보령석탄박물관
충청남도 보령시 성주면 개화리 114-4번지
http://www.1stcoal.go.kr

익산보석박물관
전라북도 익산시 왕궁면 575-1번지
http://www.jewelmuseum.go.kr

지질박물관
대전광역시 유성구 가정동 30 한국지질자원연구원
http://museum.kigam.re.kr

태백석탄박물관
강원도 태백시 소도동 166번지
http://www.coalmuseum.or.kr